AF444167

ODA A LAS FLORES DE TU PELO

TERRACOTA

ExLibric

VALÈRIA HAWICH

ODA A LAS FLORES
DE TU PELO

TERRACOTA

EXLIBRIC

ANTEQUERA 2021

ODA A LAS FLORES DE TU PELO. TERRACOTA
© Valèria Hawich
© de las ilustraciones de interior: Marta Rodríguez Used
Diseño de portada: Dpto. de Diseño Gráfico Exlibric

Iª edición

© ExLibric, 2021.

Editado por: ExLibric
c/ Cueva de Viera, 2, Local 3
Centro Negocios CADI
29200 Antequera (Málaga)
Teléfono: 952 70 60 04
Fax: 952 84 55 03
Correo electrónico: exlibric@exlibric.com
Internet: www.exlibric.com

ISBN: 978-84-18730-85-6
Depósito Legal: MA 749-2021

Nota de la editorial: ExLibric pertenece a Innovación y Cualificación S. L.

VALÈRIA HAWICH

ODA A LAS FLORES DE TU PELO

TERRACOTA

*A las amigas que me limpiaron las lágrimas,
aunque algunas ya no estén.*

*A los amores fugaces (y otros no tanto)
que inspiraron estos versos.*

*A mis profesores por animarme,
especialmente a Eva, mi profesora de Literatura.*

A mi familia.

A la tata.

A mamá y a papá.

A ti.

Agradecimientos

Gracias a todos los que me rasgaron un poquito por dentro. Gracias a los que curaron heridas de mi epicentro. Gracias a los que me ayudaron a ponerme flores en el pelo. Quizá te encuentres aquí.

SINÓNIMO

Amar es dormir en tu lado de la cama
cuando no estás.
Amar es mirarte de sonrisa a sonrisa
y tener ganas de dar un paso adelante,
abrazar tus días malos y lavarles la cara,
impulsarte hacia el cielo
soltándote para que seas libre,
pero quedarme abajo para recogerte
cuando la gravedad haga su efecto.
Amar es quitarte el miedo que te envuelve
con una sola mano,
hacer magia con el estribillo de tu risa.
Aunque amarte,
amarte ya es pura magia,
es amar tu risa angelical
a la que no le hacen falta más infiernos,
pero que por amarte
me caigo tendido en ellos.

A MI AMADA. 1686

Te prometo que no me apoyaré en otras manos
mientras sean las tuyas
las que limpien mis lágrimas;
que no me fijaré en otros ojos
ni me dejaré llevar por pestañeos
si es tu mirada la que sujeta la mía;
que no te dejaré de llamar amor,
porque no hay otra palabra que te defina mejor,
porque no es otra cosa lo que me das;
que no buscaré otro clavo
mientras sigas metiéndome besos
sin sacarme nada,
ni lo malo.
Solo bésalo,
bésame,
bésame fuerte, amor,
dedícame otra de tus sonrisas.
Con eso tengo suficiente,
contigo tengo suficiente.

ENERO

Hace más frío que nunca,
y tú estás más lejos de lo normal.

TE VEO

Te veo
en blanco y negro,
en cielo y mar,
en mi cama
y en mi noche

Te veo de todas las formas posibles
de las que se puede amar.

Te veo,
te guiño el ojo
y, si eso, te sonrío.

Te acompaño,
te miro
y me rio.

Me coges y no me sueltas,
me enloqueces el cuerpo
bailando sobre mis pupilas,
mientras te beso el cuello
y suspiras.

Te veo
y me veo en tus ojos,
cómo me miras

y cómo me acaricias
con la yema de tus dedos.

Te veo,
te beso y me voy.
Me dices que me quede
mientras me haces la maleta.

Te veo
y no quiero.
Te veo
y suspiro,
amor mío.

AMISTAD

Empecemos con una carcajada
y sigamos con una caña,
y quizás un poco de música,
pero de la buena.
Terminemos con otra carcajada
más grande y más llena,
con algunas lágrimas de felicidad
y algún brindis que otro,
pero empecemos otra vez,
siempre otra vez,
a ser nosotros,
a sentir que no necesitamos a nadie más
en esos cinco minutos,
a saborear el momento
y quedarnos con la espuma en la boca
mientras nos miramos y se nos escapa otra risa,
y no parar de reír,
y hablar y hablar,
intentar no interrumpirnos,
pero con todo lo que nos contamos
es complicado.
Y recordar las fiestas,
y los veranos en la playa,
recordar las noches
de felicidad hasta las tantas,
y los bailes,

y las caídas,
recordar todo lo que nos une
y lo poco que nos separa.
Recordar a vuestro lado es tan bonito
que espero que me recordéis siempre,
porque vosotros sois mi recuerdo
más contagioso.

Febrero

Aún sigo llorándote.
Las sábanas me susurran
que el invierno se está yendo.
Para mi pena, tú con él.

CALUDIA

Cómo le digo a la belleza
que tú defines su significado
mejor que ella.

Cómo le digo a la música
que la mejor partitura aún no ha sido escrita,
que ella es ruido
comparada con tu melodía.

Cómo le explico a mis sueños
que solo son pesadillas
si tú no apareces en ellos.

Cómo le digo al mundo
que siga infeliz,
que toda la paz que yo tengo
te la voy a dar a ti.

Cómo te digo que te quiero
si cuando me miras,
el corazón me sube al cuello
y se me caen las espinas.

Cómo le digo a los sabios
que no saben del universo,
si no han descifrado los ojos
de quien inspira estos versos.

REPROCHES

Tu boca ya no es tan suave,
ni tu empatía pura.
Me besaste los reproches
creyéndote que curan.
Me pegaste lo que sientes,
pero no te fue suficiente.
Desgarraste el fondo de mi mente
y me deshiciste las costuras.

DE ESAS, PERO ELLA

Ella era de esas chicas
que bailan al primer canteo de una canción
con un vodka en la mano;
de las que con un roce de dedos
estalla a carcajadas;
de las que gritan cuando algo
les da un poco de miedo
(y me susurraba que le abrazara);
de esos libros con la letra grande
(igual que sus sonrisas);
de esos pájaros en una jaula de mimbre
con la puerta abierta
(pero que decidía quedarse);
de las que silban cuando se pone el sol
(y cuando me ponía encima de ella);
de esas que se quejan de mi ropa
(siempre me decía que llevaba demasiada);
de las que desenredan el pelo
(y me desordenaba la habitación);
de las que se ríen de los chistes malos (y conmigo);
de las que te entran ganas de pensar en un futuro
(y me confesó lo bien que quedaban
nuestros apellidos juntos);
de las que como ella ninguna;
de esas que… (pero ella).

Marzo

Sigo congelada en la cama,
esperándote.
A ver si haces como la primavera
y decides volver.

DE VERBOS A BESOS

Te, del verbo tener,
con la carencia de amar
y con la afirmación de querer.

Te quiero a verbos, a versos y a besos,
pero no a adjetivos
con esdrújulas y con brújulas,
para no perderme entre las agudas.

Es amor al arte y a la poesía,
y si los juntamos, sale tu sonrisa,
te muerdo la boca y te beso el cuello,
o del revés, ya no me acuerdo.

Te grito mis sonrisas favoritas
mientras me cantas las rimas
de estrofas sin salida,
con mordidas, caricias y saliva.

Hago zigzag entre tus dedos
y paso por tu nuca dejando un dulce beso.

Contagiamos las risas de las miradas
a las sonrisas,
pensando, caminando y soñando

quién se quedará arto de este astro
ahumado y desahogado.

Te tengo en muchos versos,
pero te dedico todas mis poesías.

JOAN

Compadecerme de tus arañas,
querer amarlas
en vez de matarlas,
sudando de las sábanas,
saboreando tu sabor a través de tus palabras,
quererte como rey
sin necesitar coronas.

Tú hazme feliz,
que yo me encargo del resto,
destruyendo los restos de otros,
construyéndonos a nosotros,
colocando el mundo en tus manos.
Creo que nunca ha estado tan bien sujeto

Tú hazme feliz,
que yo me encargo del resto.
Soy capaz de coger un avión
para ir a buscar tus sueños,
para encontrarte,
para besarte
y nunca soltarte..

Crear países uniendo tus pecas con las mías,
crear mares cuando te escucho por teléfono,
aclamar a la primavera que se asome

para que florezcan las flores de tu pecho
y poder esconderme entre ellas en ti.

Gritarle al mundo que le jodan,
que yo ya tengo al mío de la mano.
Ser la envidia de las supernovas,
porque juntos brillamos más que ellas.
Intentar quererte de la mejor manera posible,
porque más es imposible.
Quedarme con tus miedos
y quemarlos con aquellos restos.

La confianza solo me deletrea tu nombre
y yo le digo que te diga que te quiero,
que echo de menos esos hoyuelos descarados
y esa forma de querer
que vuelve el mundo menos complicado.

Que nosotros no somos perfectos,
pero nos complementamos perfectamente
y aunque no pueda hacer que te quedes,
moveré el mundo para encontrarte.

ABRIL

He puesto el clima a mi favor.
Ya no hace tanto frío,
pero me siguen lloviendo los ojos.

SERGIO

29 de julio de 2018

Me fui.
Me fui, porque me dijiste que no me enamorara,
y yo tenía pensado amanecer contigo cada semana
una vez aunque fuera,
aunque fuera una vez más.

Me fui, porque aunque te dije que todo estaba bien,
todo estaba bien contigo; sin ti, no tanto.
Yo abriéndole los brazos al amor, a ti
y tú, tú tan guapo como siempre
y con una sonrisa de oreja a oreja,
dejándome más confusa de lo que estaba ya.

Me fui.
Me fui, porque me dijiste que no me enamorara,
y yo era una loca que no le tenía miedo al amor.
Pero si seguía con ese placer de verte,
sabía cómo íbamos a acabar:
yo por el suelo y tú lejos,
como siempre,
como todos.

Nunca me has dejado muy claro nada,
solo lo guapa que estaba,
dejándome más confusa de lo que estaba ya.

Me fui.
No te tenía muy claro,
así que me fui.
Nunca sabía por dónde ibas a tirar,
ni si ibas a tirar de mí,
así que me fui.

Me fui, porque me dijiste que no me enamorara.
Me fui esperando verte una vez aunque fuera,
aunque fuera una vez mas

20 de abril de 2021

No te he vuelto a ver desde entonces.

ENTRE LONDRES Y VALENCIA

Tú tan frío,
sabes a día nublado,
hueles a sabanas mojadas
con una pizca de jazmín.
Tú tan tormenta,
un huracán devastador
de esos que te levantan la falda
y se llevan todo lo que pilla.
Tan de noche y eclipse,
tan valiente,
tan aventurero,
tan Inglaterra;
yo tan soñadora,
playa y arena,
mis movimientos tan día despejado
y suspiros de brisa marina.
Buen tiempo, pero mala cara,
tan calurosa,
tan ardiente
y deseosa de sentirme nevada,
o amada,
tan bonita como Valencia,
tan rota como sus ruinas.
Tú tan lejos de mí,
yo tan lejos de ti,
nosotros tanto,

que ojalá fuera,
ojalá te quedaras aquí.

MAYO

Creo que le voy a hacer caso al tiempo,
me voy a desenredar de tus nubes.
A partir de ahora solo esperaré al sol.

Te quiero como el aire al fuego en una noche de San Juan

Somos parecidos a una fogata
en una noche de San Juan,
con aromas rojo escarlata,
rodeados de sentimientos deseando participar.
La piel con piel se funde y suenan sonatas.
El fuego con aire penetra y empieza a acalorar.
Ni el blanco de las conchas
se podría comparar
con la pureza de tu amanecer,
ni siquiera con la agilidad del mar.

Tirados en la arena donde te empecé a amar.
Ay, querida mía, cuánto más te tendré que aclamar
si no me haces otra cosa que palpitar,
si no quiero otra cosa que en ti acabar.
Dime si algún día me llegarás a cantar
como lo hace el humo que desprendes
a la brisa del mar.

BELKIS

Cabellos castaños con destellos dorados
brotan de su cabeza hasta su cintura.
Siempre tiene frío, por eso sus dedos morados.
Sus labios son rosa pintura,
tiene más pecas que enredos,
colorea de blanco la palabra amargura.

Su voz suena como un pequeño cascabel
y, aun así, sus palabras aún retumban.
Huele como el amarillo clavel,
sus sueños siempre deambulan
Te invita a bailar más veces que un zumbel,
las ganas de vivir se le acumulan.

Tan sencilla como un lienzo nuevo,
sencilla, aunque use todos los colores de la paleta.
No le impide nada el invierno,
ni siquiera hacer florecer las violetas.
Solo su tacto lo hace longevo,
erizando y jugando con la piel selecta.

Ríe como si no existiera el miedo,
camina y hasta le mira el azul del cielo.
Cuando sonríe, acaba de echar el vuelo,
acariciar las nubes siempre ha sido su sueño.
Una niña pequeña con un caramelo
cuando tiene en sus manos un libro nuevo

Antes de dormir se desenreda las flores de su pelo
y suspira en bajito delante de su espejo,
sin darse cuenta
de lo preciosa que es
y lo preciosa que yo la veo.

MASOCA

Maldito corazón masoca,
te habrás roto veces.
Sigues de boca en boca,
a ver si alguna no te decepciona,
arañas las entrañas cual prosa,
con alma mimosa,
rastreando cualquier sombra
que te haya preguntado la hora.
Te abrazas tan dolorosa
que hasta donde te has limpiado la pena
se ha marchitado una rosa.

JUNIO

Ahora prefiero el calor del verano al tuyo.

OZONO

Nuestra capa de ozono
se fragmentó creando tormenta.
Se me empaparon los ojos
y, aun así, seguía buscándote,
pero tú ya habías encontrado
un lugar mejor donde refugiarte.
Yo creía que mi escondite sería tu pecho,
pero al final fue él el que se escondió de mí.
Me quedé sola bajo aquella cascada caótica
que me hizo desembocar y quedarme sin oxígeno.
Brotó tanta agua de mí que me convertí en ella,
me escurría entre tus dedos haciendo carreras
y tú te secabas las manos
cuando yo nunca habría tirado la toalla por ti.
Solo puedo diluviar, porque me he quedado sin fuerzas,
me he estancado en un pantano y no sé cómo salir.
Mi cuerpo es un laberinto con corriente
y tú en vez de ayudarme a escapar,
te has ido volando cual Ícaro,
pero al final me has quemado a mí,
me has evaporado convirtiéndome en vaho.
Podría haberme quedado pegada a tu espejo,
pero los cristales están rotos
y tú ya me has cortado suficiente,
y, aun así, me gustaría ser el agua del que bebes.
Finalmente, me ahogué agonizando entre susurros

y tú te quedaste ahí,
esperando a que la lluvia parara,
resguardándote de ella,
resguardándote de mí.

PARA TI, MUJER

Ay, cariño mío,
lucha,
lucha contra lo establecido
hacia el paraíso,
desordena las leyes universales
y desafíalas.
Dile a las siete maravillas
que han dejado de serlo,
que ya tenemos suficiente contigo.
Cántale a la lluvia
y dile que deje de caer,
que tú eso ya te lo conoces muy bien.
Tu cuerpo es pura dinamita
y el mundo ya tiene un aviso:
«cuidado, no tocar».
Aunque mirándote a los ojos,
ya empieza la cuenta atrás,
el que acaba explotando eres tú.
Qué gratitud de ser mujer,
tiene al mundo en su mano
y ni se ha percatado.
Es tan fuerte, bonita y peligrosa
como las olas del mar,
de ahí el azul de las lágrimas
que desprenden sus ojos.
Lucha, cariño,

lucha,
demuéstrale al pequeño mundo
que sin ti no gira,
así que ponte en pie
y enséñales como tus caderas
son la mayor fuerza de gravedad
y tu voz el quinto mandamiento:
«no matarás».

Promesas rotas

Te prometí sonrisas y caricias,
nada de noches frías.
Brindemos por las noches de verano,
porque nunca se acaben,
aunque sean en vano.

Te prometí besos y miles de versos
de esos que no se olvidan,
que escribía con mi saliva y mis pupilas,
aunque tú eras más de canciones
con o sin rima.

Te prometí celebrar las mil y una noches
entre risas y bebida,
entre restos y progresos,
entre la noche y el día.

Me mirabas y sonreías,
no sé si a mí o a la vida,
pero me quedaba enganchada de tu sonrisa

Te prometí tantas cosas
que podría hacerme alas,
convertirme en ángel
y echar a volar,

porque con lo bonito
que es el cielo,
¿quién se retira?

Pero con lo bonito
que es morir de amor,
entre pecado y pecado,
entre sonrisa y mordida,
entre piel y saliva,

prefiero ir al infierno
por admitir ser culpable
de mis promesas rotas
y de mis idas y venidas.

JULIO

Me estoy volviendo a enamorar.
Digamos que es un amor de verano.
Se llama Propio.
Por suerte, le tendré mucho más tiempo.

26 RAZONES POR LAS QUE NO MARCHARME

Caerme en tu skyline,
encontrarte al final del arcoíris,
acostarme sobre tu iris,
sentir tu respiración constante,
analizar cada huella que dejas sobre Marte.

La vuelta al mundo sobre ti,
el martirio de levantarme y no sentirte,
la paz de acostarme entre tus instantes,
el beso que dejas en mi almohada,
la iluminación de tu mirada,
la calma de tus palabras,
tus alas revoloteando por la casa,
el todo que le das a la nada,
la luna que aparece en tu mirada,
los sellos que pones en las cartas.

El amor que pones a mi odio,
la paciencia que no se te escapa,
la escapada de junio,
tus risas en medio de la noche,
tus caricias por mi espalda,
tu voz que sabe a flores,
tu pelo revoltoso por las mañanas,

tus ojos cariñosos,
tu cosmos,
tus vicios,
tú.

~~JUANITO~~ GATITO

Tiene el cabello oscuro
y una mirada felina.
Juega con el hilo rojo de la vida
y se enreda en ella, se enreda en mí,
en los pensamientos que sacude mi cabeza.
Camina despacio entreteniéndose con cada flor
y entre cualquier salto al vacío,
dice que no le importa saltar.
Vive como si le quedaran siete vidas,
vive como si aún no hubiera empezado ni la primera.
Quizá sea eso lo que explique
cómo solo él es capaz de convertir todo en magia.
Es curioso y sigiloso, es espontáneo.
Pide cariños a ratos, cura los trozos rotos,
rompe los mitos de cualquier supersticioso.
Ama despacio y besa lento, pero ama muy fuerte
y besa muy dulce.
Me hace reír y yo a él,
siempre nos estamos riendo.

Mi luna

Mi luna no deja de llorar
mientras me deletrea tu nombre.
Vive desamparada entre el hogar
y se va quitando la costumbre.
Se deshace de ti,
arquea la espalda mientras baila.
Hoy está más bonita que nunca,
se ríe de mí,
me llama locura.
Siempre le ruego dormir allí,
meciéndome en su cuna.

AGOSTO

Algunas noches aún te recuerdo,
pero todos los días me acuerdo
que yo ya me quiero por los dos.

La Malquerida

Dime cuánto he de esperar
para que el dolor cese.
Tus cenizas por mis dedos me esmusan,
y tú eras la única musa
que pintaban mis dedos.

Mi corazón se fugó con tu partida,
dejándome una nota vacía
plasmando cómo se sentía.
Ya no le notaba y le dejé marchar.

Los ramos de flores inundan la casa,
pero tú ya no estás.
Tus favoritas se han marchitado
y se han puesto a llorar.
El invierno ha llegado a la cama
y esta vez es polar.
Los bailes se han quedado a medias.
Hasta la radio ha dejado de sonar,
lagrimitas que caían desde el balcón hasta la ciudad.

Tu olor se debilita, no quiere que le recuerde
y parece que tu voz le quiere imitar.
Con todo lo que nos quedaba por cantar,
estoy tirado en el suelo de tu recuerdo.
Te imagino desnuda sobre la cama bailando un vals.

La noche aún te canta, pero tú nunca volverás a bailar.
Antes sonaban sonatas, ahora odas de la realidad.

En las lagrimitas que caían desde el balcón a la ciudad,
mis ojos forman cascadas de agua helada.
Desde que la bien amada te vino a buscar
sigo colgado en las alturas,
para tenerte más cerca después del funeral.
Yo solo quería volar contigo,
pero te fuiste con la malquerida
y ahora me quiere matar.

FOC I FLAMA

Els teus ulls són com la frescor
o com el blau del cel en la tardor.
El teu cor parla poc,
però jo el sent en el meu xicotet cor.

La mareta et va regalar una flor
que va créixer fent molt de soroll,
i entre les flames que riu el foc
li vas donar tot el teu amor,
i ara que es va fent major
no pot callar-se tot el que et vol.

I jo li demane a la mareta
que no em furte a qui em va fer creixer
com a una floreta,
i que sol·lament li ceguen les llagrimes
quan veu en l'òfrena a la seua xiqueta.
I de fons son pare amb la seua veu
cridant amb la força de les flames:
Visca la Mare de Déu.

LUNA LLENA

Tengamos un poco de paciencia.
Paciente espero tu espera
con ojos conscientes
y con alma de valientes,
seguiría oliendo tu esencia.
Ay, mi luna entera,
la estrella que más llora
y a la vez un sol ardiente.
Ay, mi luna nueva,
la lluvia que más brilla
y a la vez sueña que nieva.
No nos dejemos llevar por tu demencia,
que tu brisa ya es eterna.
Es sorprendente
cómo desenfocas tu mente,
te alejas tanto que quema.
Ay, mi luna llena,
lo que daría por seguir tus huellas
sin perderme entre tus sueños ni en tu niebla.
Ay, mi luna llena.

Septiembre

Hoy he pasado por tu calle
y mi corazón ni se ha dado cuenta.

TE INTENTO QUERER

Te intento querer.
Intentándolo, te dejé en el olvido
y así me fue,
caminando sin rumbo,
bailando rumbas al anochecer,
perdiendo el equilibrio
y los pasos que vienen después.

Te intento querer
Amarte es mi cumplido
Pero nunca dejas de doler
Me ha engañado cupido
No me quieres más que ayer

Te intento querer.
Intentándolo, te deje en el olvido
y así me fue.

Lo quiero intentar,
pero tu ausencia limpia tu desastre.
No puedo aguantar
que tus golpes los llames arte.
Insisto en volar,
tus alas me quedan grandes.
Siempre quieres más,
yo me conformaba con mirarte.

Te intento querer.
Dime cómo lo voy a hacer
si mi corazón no quiere escucharte,
rompiste todos los abrazos que te dejé.

Te intento querer.
Intentándolo, te dejé en el olvido
y así me fue.

Encontré la felicidad
y, por fin, te dejé de querer.

LA REINA DE MIS MAÑANAS

La alegría de mi alma me despierta.
Me la como a besos y ella siempre contenta.
La reina de mis mañanas
y al anochecer mi cuna en vela.

Cuando sale el sol, su voz resuena
canturreadora de poemas,
siempre una sonrisa llena.

En mis adentros tu nombre calma
y tu amor me resucita, abuela.
Qué bonito es tenerte todos los días,
que me enseñes a ser una guerrera.

Con todo lo que tú has dado
y lo poco que yo tengo.
No puedo compensar todo lo que te quiero
Solo tengo amor y besos.

Dime si te sirven, abuela,
que esta niña pequeña
te besa las arrugas.
Conmigo nunca serás un alma en pena.

Ni siquiera dejaré que te marches
sin que recibas

todo lo que te debe la vida,
siempre estaré a tu vera.

CANCIONES CON DEDICATORIA

Te dediqué mil canciones y ninguna ha servido para que te quedes conmigo a escucharla hasta el final. Finalmente, la banda sonora dejó de tocar, cansada de tener solo a un gato de público y la letra fue perdiendo melodía con el son de tus zapatos, mientras mis pies seguían descalzos esperando que tú los resguardaras del frío. Fríamente fueron tus palabras mudas cuando abriste la boca y solo escupiste silencio. Mis pupilas buscaban las tuyas, no sabían que tenías los ojos cerrados y la luz que buscaban para iluminar mi vida estaba extinta. Se extinguieron los nuevos recuerdos, porque no tenían que ser, o eso me digo a mí misma. Mismamente me cansé de ver tu sombra todas las noches y la cosí a mi cama, para ver si así volvías.

Lo único que se atrevió a aparecer fueron los dolores de cabeza en vez de la tuya sobre mi pecho. Las flores que me regalaste se han convertido en noche de invierno y estamos en mayo. Si nos ponemos a decir mentiras, creo que no te quiero y si digo verdades es que detrás de una mentira siempre hay una verdad, pero esta vez tú no estás. Ya no tengo a quien me cure las heridas y no sé qué me duele más, solo sé que todo me escuece más que ayer. Duermo de día y lloro de noche. Yo te decía que siempre sale el sol, pero tú eras mi luna y yo tus estrellas, y me quedo en la oscuridad, porque es la única obra de arte que queda en la que estamos juntos. Me has dejado vacía y, aun así, siento que aún me queda todo por darte. No me has dado tiempo para ser contigo, pero sí para ser sin ti, cuando mi vocabulario empezaba por tu nombre y acababa con un siempre. En medio está la palabra amor, la cual se pronuncia con el tacto y ahora se viste de luto, siendo un corazón rasgado y negro mi destino. Recordar tu voz aún me hace bailar la piel buscando la tuya. Aunque sé que ya no estás, siempre pongo una canción más, a ver si así te das la vuelta y me acompañas en el vals. Sigues caminando en dirección contraria a mí con las canciones de fondo y, aun así, me atrevo a preguntar con la voz entrecortada: ¿te vas?

OCTUBRE

Hasta ahora no me había dado cuenta
que gracias a toda el agua que lloré
conseguí regar mi corazón.

ESTACIONES

Ven, que tengo algo que confesarte,
y es que mis palabras no dicen nada
y tu boca me lo dice todo.
Que tus ruinas son los restos más bonitos de mis dedos
y que mis dedos solo quieren arreglar tus ruinas.
Mi pecho te echa de menos y aún estás encima de mí,
bailando al libre albedrío.
Mis sentidos ya quieren volver a escuchar tu risa
cuando empiezas a llorar, y yo empiezo a llorar
cuando tu risa lagrimea.
tus silencios son la música más *heavy* que he escuchado
cuando te araño la espalda,
dibujando un mapa
y tú ya estás sollozando.
Me encanta mirarte y no verte,
ver solo poesía que me intimida con la mirada.
Me dices que tienes tantas pecas como inviernos
y yo te contesto que me encanta el frío.
Yo te digo que cuando te veo, siempre se acerca el verano
y te desnudas diciéndome que ya tienes calor.
Cuando te lamo, veo a la mujer
más impresionante entre mis brazos,
posándose entre ellos
como si hubiera nacido allí.
Cuando me tocas, una semilla florece
con el canto de la última primavera.

Las hojas caen como tus miedos
y yo los recojo para arrugarlos y tirarlos.
Me cantas en mitad del metro con un gato de público
y los auriculares puestos,
y yo solo puedo quedarme en el tren
hasta que se acaba el destino, pero jamás el nuestro.
Me escondo en tu pelo cuando te ríes
y te susurro que te echo de menos.
Beso cada olor que dejas en mi cama
como si no fueras a volver mañana.
Me chillas palabras dulces intentando enloquecerme
y lo que no sabes es que lo conseguiste hace tiempo.
Me muerdes sin poder dejar marca,
porque tus besos no han dejado sitio.
Cuando te vas parece otoño,
hace frío, pero aún nos queda el sol.
Tú siempre has estado en la luna,
deseando las estrellas, añorando la tierra.
Eres de esas complicaciones que no tienen
que ser resueltas, porque pierden su magia.
Nos vamos juntas, o te vas sin mí,
tu locura es un desvivir y mi locura es vivir sin ti.
Te asomas por la puerta
casi desnuda, acercándote,
diciéndome que solo quieres dormir
Eres tan problemática como tan sencilla,
que me fue imposible no enamorarme
de tu primera sonrisa.
Hueles a hogar y mi casa siempre huele a tu cuerpo,

aquel donde me perdí una noche y amanecí queriendo.
Eres mi inspiración para escribir,
y mis versos siempre piden más.
Te vas sin dejar atrás, sin dejarme atrás, pero te vas
Y yo te sigo guardando tu lado de la cama
y la última canción que nos queda por escuchar,
preparándome para la guerra que se acerca
cuando te atrevas a volar
o a volver,
o a amar.

LIMERENCIA

Quiero hacerte libre con besos
que no entiendan de barreras,
ni que tengan voluntad propia,
que simplemente sean porque nacen,
sin explicación alguna,
porque están predestinados a ser,
pero juntos.

JUANITO

Siempre me refiero a ti
como el amor de mi vida.
Quizá sea por los bailes melancólicos de mi corazón
cuando intento explicar mis sentimientos por ti,
pero se limitan a rebosar por mis sentidos
y hundirse en mis entretelas.
Aquella mirada tan profunda
que me desnuda con los ojos cerrados
y si están abiertos, solo me das la mano
y echamos a correr,
nos alejamos en un segundo del mundo
y nuestras almas se tocan,
hasta incluso siento que se besan,
y eso para mí es hacerte el amor.

NOVIEMBRE

Aún sigo queriéndome.
Las sábanas me susurran
que el invierno está llegando.
Para mi suerte, tú no vienes con él.

VICIOS

No quiero tirar por la borda todo lo que he conseguido. Rechazo los males del pasado, pero le sigo teniendo miedo a los del futuro. Me atormenta no llegar a ser la persona que quiero, porque ni siquiera acepto la que he sido. El tiempo es un círculo vicioso y yo no quiero más vicios, pero el tiempo siempre gira sin avisar y hay veces que me pierdo en el olvido. No quiero que vuelvan a brotar las rosas que un día se me cayeron por haberme clavado las espinas. Todo lo que se va luego vuelve, aunque solo sea en recuerdos. Estoy harta de lamentarme por lo vivido y no desear lo que viene. Me he quedado estancada, no quiero saber nada del ayer ni del mañana, así que solo me queda el presente, y eso es lo que más miedo me da. Porque me paso la vida mirando hacia delante y hacia atrás, sin mirar lo que hay debajo de mis pies. Lo estoy perdiendo todo por querer olvidar y me olvido de mí. No paro de pensar en lo que ha pasado y en lo que pasará, mientras solo pasa el ahora y se va.

MARIPOSAS

Digamos que te quiero,
o algo parecido,
un poco menos,
o un poco más cerca.
Solo imaginémoslo
(ya me revolotea la tripa).
No me costaría susurrártelo
o gritarlo a todo pulmón.
Tampoco recordártelo de vez en cuando,
cuando las veces sumen,
cuando te tumbes a mi lado
y me digas lo bonito que se ve el cielo,
mientras yo pienso lo bonitos que nos vemos.
Creo que te quiero.
En tus manos me convierto,
me convences,
me demuestras que eres suficiente.

DICIEMBRE

El año se acaba y mis penas con él.

SOLO QUIZÁS

Me encanta empezar con un quizás.
Un quizás no es un sí.
Tampoco es un no.
Es un espacio en blanco con millones de posibilidades,
existentes e inexistentes.
Creo que es la unión de letras que forman la palabra
que más se ajusta a la realidad.
Un vacío lleno de conjeturas
que se multiplican en esencias,
pero que finalmente solo hay eco,
un eco precioso, por cierto.
¿Cuántos aullidos has chillado en el abismo?
¿Cuántos secretos esconden un suspiro?
Todo es más mágico de lo que observamos y plasmamos.
Ojalá pudiéramos un día llegar a tener
las palabras correctas para definir algo.
Pero hoy solo sabemos limitar la grandeza
de todo lo que es con un argumento a base de eso:
palabras.
Por eso, quizás nunca vas a encontrar algo
que se ajuste a lo que sientes,
se quedará en pequeño cuando intentes explicarlo.
Una palabra no puede reprimir algo
hasta dejarlo en diminuto
cuando el significado es inconmensurable.
Eso sería injusto.

Una persona mala no puede quedarse
en un simple adjetivo.
Después del daño que te ha hecho
acortas todo tu dolor a un conjunto de cuatro letras
cuando, quizás, el sufrimiento te haya acompañado
cuatro inviernos.
Eso sería injusto.
No puedes contestarle a alguien con un te quiero,
eso es algo insignificante si lo comparamos
con cada poro que se ha dilatado en tu piel
por una simple sonrisa.
Lo ves, le arrancamos la belleza sin saberlo
a cada cosa que nos rodea.
Quizás no tengamos otra manera de explicar
lo que llevamos dentro, solo empequeñeciéndolo.
Quizás por eso dicen que un hecho
vale más que mil palabras,
y, aun así, recordamos más palabras que hechos.
Quizás haya palabras vacías, pero no acciones.
Las acciones siempre están llenas de algo,
ya sea bueno o malo.
Quizás seamos tan masocas que prefiramos lo sencillo
que tiene un susurro, en vez de lo complicado
que es levantarte a demostrar algo
Solo somos cobardes de nuestros actos,
justificándolo en palabras.
Volvemos siempre al principio, ¿te das cuenta?
Por eso, la palabra «quizás» me gusta tanto.
No significa nada concreto,

pero es que tampoco intenta aparentarlo.
No la puedes usar para definir ni para aclarar,
no empequeñece, pero tampoco agranda.
Te da a ti la elección, un quizás es lo contrario
de un simple quizás.
Solo quizás.

FUIMOS AQUEL INSTANTE

Con dificultad recuerdo tu nombre. Tu voz se me escapa entre las
manos y aquellas palabras que me dedicaste no las volví a escuchar.
Pero qué bonita foto nos hicimos.

Solo me queda aquella foto
entre tantos restos de alcohol.
No dejaste rastro después de aquella noche,
pero me besaste hasta el ras de las pestañas.

Fuimos por la música
y al final nos fuimos sin ella
y sin nosotros.

Fuimos aquel instante,
una ráfaga acorazada que se desnudaba a cada beso
entre cada sonrisa vergonzosa de la primera mirada
de nuestro primer baile.

Fuimos bonitos juntos,
cada encuentro sin conocernos intercambiando fragancias
y así dejaste un camino cegador con tu aroma,
que nos permitió reencontrarnos
una y otra,
una y otra,
una y otra vez.

Fuimos aquel instante agotador,
de esos que te dejan con ganas de más
aún con el sudor del primer ajetreo.

Fuimos como una estrella fugaz,
un destello silencioso,
un abrir y cerrar de ojos,
una noche.

Fuimos,
simplemente fuimos,
pero, joder, cómo fuimos.
Lo fuimos todo
y a la vez nada.

Fuimos aquel momento intenso
que parecía que hasta iba a tener apellidos
y ni siquiera recuerdo tu nombre.

Sí, aquel instante fuimos.

SECRETOS

Los secretos revolotean por cada cielo,
aunque la mayoría estén escondidos
detrás de cada silencio.

Mis secretos nunca han sabido jugar al escondite.
Les encanta reír y que todos los escuchen,
y yo no soy quién para meterlos en una jaula
si lo que ellos quieren es volar.

Por eso, voy a contarte uno:

Nunca me he enamorado
Nunca me he enamorado y todos mis poemas son de amor.
¿Irónico no?

Escribo como si alguien me debiera un beso,
como si tuviera mil historias que contar.

No sé lo que es morir de amor,
pero una vez sí que escuché un ruidito.
Ya sabes, aquí dentro.

Sonó como cuando dejas caer los zapatos al suelo,
sin miramiento,
y el sonido se expande por toda la casa.

Algo se quebrantó.
Algo se rompió en mi interior y jugué con los cristales rotos,
y todos sabemos que eso solo corta,
y por eso yo levanto la cabeza en alto negándole al amor,
explicándole que nunca me ha acompañado,
que sigo divirtiéndome entre sus pedazos
como si pudiera volver a encajarlo todo.

Busco encontrar el sentido de ese golpe
que me hizo tambalear y quedarme sin agallas.
Y te repito que nunca me he enamorado,
y no lo entiendo porque...

¿qué me puede dejar tirada en el suelo,
en mil lamentos, si no es el amor?

La falta de él.
La falta de él me rompió.

Pero mientras a mis versos solo les falta estallar en miles de pétalos,
creo que envidian lo que todo el mundo ha sentido alguna vez
y, aun así, no discuten de noche conmigo para empujarme a sus brazos,
solo asienten y cada mañana despierto con un clavel .

No sé de dónde saco todo el amor que plasmo.
Creo que alguna vez lo he visto por ahí,
pero lo hago, escribo estrofas que se enamoran entre ellas
y otras sufren y se desenamoran,
así que le escribo al amor.

¿Será que sí que estoy enamorada?
¿Será que estoy enamorada del amor en sí?

Como cualquier persona rota,
que ama a quien no tiene,
a quien no le quiere acompañar.

QUERIDA VALERIA

Aun sin conocerte, ya te quiero.
Arriesgándome a que me llames loco,
quiero confesar que me he aprendido
las expresiones que recorren tu cara.
Giran en mi cabeza como una peonza, sin descanso,
y yo me uno con miedo de que un día dejen de hacerlo.

Tan solo sé tu nombre por el colgante de tu pecho
y que te gustan las flores en el pelo.
Es enigmático cómo se posan en ti,
como si hubieran florecido sobre tus pensamientos
y tú no las dejaras esconderse.
Te veo con gran personalidad.
Seguro que eres inteligente, un artista potencial.

Qué pletórico me sentí
cuando nuestras miradas coincidieron
y pude deslumbrar en tus pupilas
un lago de aguas dulces y tranquilas
mientras tus hoyuelos se marcaban
con la efusividad de tus palabras.
Ese contraste que provoca caos,
un torbellino, una ráfaga de aire fresco.
Eres más bonita que un día con sol
y que un atardecer en la playa.

Me gustan las personas sensibles
que no dejan escapar nada de lo bello
que aparece en su camino.
Me gustan las personas que luchan por ser diferentes
en un mundo que nos quiere a todos iguales,
y me gustan más si les sale innato.

Has entrado en mi vida sin siquiera habernos dado cuenta,
sin previo aviso, aunque solo te haya visto una vez.
Se puede sentir desde lejos la energía positiva que rebosas,
entrando en el campo de batalla sin nada que ganar,
sin miedo a nada, a corazón abierto.
Qué suerte tendrá aquel hombre que consiga conquistarte,
quien sea capaz de entrar en tu corazón y quedarse.
Qué regalo divino le habrá deparado el destino.
Me pregunto cuántas vidas tendría que vivir
para pasar un verano a tu lado.
Quisiera ser tus ojos para observar la vida
con la fuerza que tú tienes
y con la magia con la que vives.

Quisiera ser tus piernas mientras bailas
para acercarme un poco más al cielo.
Quisiera ser tus manos con las que tocas
con delicadeza cada cosa que ves,
como si todo estuviera vivo
y tuviera que ser atendido con cariño.
Quisiera ser tu risa contagiosa y dulce,
tímida y espontánea.

Te seguiré escribiendo versos
que solo tú puedes entender.
Este poema es para ti y para mí,
es como lo que siento por ti, un secreto.
No te asustes.
Soy así cuando tengo una musa en mi vida,
cuando algún lucero se cruza en mi cielo,
sin remedio, sin poder evitar mirarlo,
hipnotizándome,
aunque esté tan lejano que parezca un sueño,
aunque después un soplo de viento
me devuelva a lo cotidiano.

Haber formado parte de tu vida
gracias a aquella mirada,
aunque haya sido furtivamente,
me hace feliz, me hace dichoso.
Aquellos instantes me han servido
para inspirarme toda una vida.
Y es que sé que no te conozco,
pero ya te quiero.

Micropoemas

UNO

Me quedé esperando(te)
y (te) perdí,
también el tiempo.
Según como lo mires,
(te) perdí mucho
o (te) perdí poco.

DOS

Estoy buscando a aquella chica
de las manos frías,
con el corazón titiritero,
de las miradas profundas
y pájaros en el pelo.

TRES

Las noches de luna llena saben a poco
si no estás aullando en mi cama.

Cuatro

Quizás no eras para mí,
ni yo para ti.
Quizás no era el momento,
o no era un buen día.
Quizás no eran tus gritos y sí mis silencios.
Quizás mi corazón soñaba más que el tuyo.
Quizás tú te dejabas llevar y yo solo me quería ir contigo.
Quizás sí,
quizás no.
Quizás eras tú,
o quizás era yo.

CINCO

Soy de que las que
en noches de luna llena aúllan al sol,
para que salga cuanto antes,
a ver si así dejo de llorar.
Soy de las que lloran y no saben por qué:
si estoy soltando todo lo que un día callé,
o si estoy sufriendo por adelantado,
preparándome
para lo que se me va a echar encima.

SEIS

Me encanta desahogarme sin sentido,
ya que no estoy muy cuerda,
pero me siento enredada en una,
con un nudo delante y otro detrás.

SIETE

Me he perdido tanto
que no sé lo que quiero.
Me he perdido tanto
que no me entiendo.
No lo intento,
no me encuentro.

OCHO

Todos tenemos días tristes
en los que te escondes en tu cama
y te pones a Beret,
y las lágrimas te humedecen hasta el alma,
y lloras,
y sufres,
y todo lo de dentro de ti chilla,
mientras tus labios se callan.

NUEVE

Te metiste como un huésped
en mi cabeza
con pasos descalzos,
haciendo crujir la madera
y un poquito el corazón,
dejando huellas allá por donde ibas,
escurriéndote hasta el sótano
y no volviste a subir.
Te fuiste por la trampilla,
dejándome la casa sucia
y aún más vacía.

DIEZ

Te quiero frío.
Te quiero distante
y, a la vez, a mi vera.
Te quiero de la mano,
del dedo meñique.

ONCE

Y sí te digo
que tengo derecho
a irme y no volver,
pero imposible
olvidarme de tu piel.

DOCE

Es una estupenda mentirosa,
por eso dice bailar descalza sobre mi corazón
y lo hace con tacón de aguja.

TRECE

Y ahora que no estás
me quedo tendida desnuda,
helada y sin costuras.
Me quitaste todas las corazas,
no ha quedado rastro de ellas en mi piel.
Me has dejado el corazón abierto (a tiro)
de pecho a pecho,
que aunque te esquive, me tienes a tiro (no atino).
Vuelve a hablarme el olvido,
pero ahora tiene tu voz.

Catorce

Qué bonito era tenerte,
casi tanto como tus suspiros,
que parecía que cantaras
y solo me estabas haciendo el amor.

QUINCE

Nunca te ha gustado
que te bailen el agua,
pero siempre me pedías
que te bailara,
sin música,
qué más da.
Ya teníamos el ritmo
de mis latidos,
y tú eras el director
de aquella orquesta.

DIECISÉIS

Cualquiera se habría vuelto loca
por aquellas manos frías, titubeantes,
pero yo entiendo que entonces
es cuando más calor necesitas,
y cuando más te necesito yo.

DIECISIETE

Pronto soplará el viento otra vez.
La tierra mojada se irá cayendo
de mis pies descalzos a cada paso,
dejando rastro para recordarme
que antes de florecer fui polvo.

Pronto soplará el viento otra vez,
y sabiendo que aún me queda algo de tiempo
para empezar a volar,
voy saboreando la libertad.

Pronto soplará el viento otra vez…

Índice

Micropoemas

Sobre la autora

Valèria Hawich (Segorbe, 2001) comenzó a escribir desde antes que le enseñaran en el colegio. A los doce años empezó con la poesía, género que se acabó convirtiendo en su favorito. A los trece ganó el segundo premio de poesía de la comarca de Castellón y a los dieciocho ganó el primer premio de narrativa de su instituto. Ahora, a la temprana edad de 20 años, publica su primer poemario, donde casi todos sus textos están basados en todo lo que envuelve al amor. «Me inspiro en cada cosa que veo o que siento, en cualquier alma callejera, como todos los poetas».